AF242412

ÉTUDE

SUR

L'IMMIGRATION

A LA

GUYANE FRANÇAISE.

———※———

CAYENNE
IMPRIMERIE A. THERMES ET Cie
—
1883

ÉTUDE

SUR L'IMMIGRATION

A LA

 GUYANE FRANÇAISE.

I.

Il n'est pas utile d'entrer dans de longs détails sur les difficultés toujours croissantes de la vie matérielle à la Guyane pour faire ressortir la nécessité de l'immigration. Les quelques ouvriers ou manœuvres que l'industrie aurifère permet au commerce et à quelques petites industries de recruter à grand'peine sont tont à fait insuffisants, quoique recevant des salaires très-élevés. Quant à l'agriculture, elle a tout à fait disparu. Et comme en matière économique, tout s'enchaîne logiquement, les ouvriers sont les premiers à ressentir les tristes résultats de cet état de choses. Les objets nécessaires à l'alimentation ont atteint des prix extra-ordinairement élevés, inconnus jusqu'ici à la Guyane, même aux époques les plus malheureuses de notre histoire coloniale.

Tout le monde est d'accord aujourd'hui pour reconnaître qu'une affluence de bras peut seul relever ce pays si fertile et dont les richesses agricoles, forestières et minières sont universellement connues.

Mais l'on n'est pas fixé sur plusieurs points essentiels. Car il ne suffit pas de dire et de répéter à tous les

échos que l'immigration seule peut opérer la résurrection du pays, encore faut-il que l'on s'entende bien
sur la meilleure application à faire des bras étrangers
et sur les voies et moyens à employer pour obtenir
cette immigration.

II.

Ce qu'il faut à ce pays d'une étendue immense, ce
n'est point une immigration restreinte à de faibles
proportions, c'est un peuplement, une colonisation
entreprise sur une vaste échelle.

L'introduction à la Guyane par l'initiative privée
de quelques centaines d'africains ne saurait produire
de grands résultats. L'on retiendra ces bras pendant
quelques temps aux travaux agricoles, mais ils ne tarderont pas, en raison des salaires élevés que l'industrie aurifère seule peut offrir, à rejoindre les ateliers
des mines d'or. Ce n'est pas nous qui nous en plaindrions. Ces bras seraient même accueillis avec reconnaissance, et ils assureraient la prospérité à certains
grands placers où les travaux pénibles et difficiles, à
cause de la nature des terrains, nécessitent l'emploi
exclusif d'hommes robustes et vigoureux. L'africain
seul remplit ces conditions et peut résister à ces travaux à côté de nos meilleurs ouvriers mineurs créoles.
Mais l'agriculture ? Elle resterait toujours dans son
état de léthargie ? Il est cependant incontestable que
c'est en elle que se trouve la source de la vraie richesse du pays ; les exploitations de mines d'or, d'ailleurs moins avantageuses aujourd'hui, ne peuvent
donner à la Guyane qu'un bien-être éphémère, tandis
que les travaux agricoles assureraient au pays sa
prospérité.

Notre système se résume en ceci : favoriser l'industrie aurifère et l'industrie agricole simultanément
par l'immigration, en vue de permettre à l'agriculture
de renaître et de prospérer.

Voyez quelle puissante colonie que celle de Demerary ! Quel est donc le secret de nos voisins qui sont gens pratiques, il faut le reconnaître? Ils ont mis tout en œuvre pour établir chez eux la grande culture qu'ils ne cessent d'encourager en lui fournissant les bras nécessaires à son accroissement, à son développement, à son extension la plus considérable.

Faisons en sorte que l'industrie aurifère au lieu de nuire à l'agriculture, lui vienne en aide. Avec des travailleurs étangers en grand nombre employés à l'agriculture, les prix des denrées baisseraient, notre population autochtone qui est recherchée pour les travaux des mines d'or, l'élite de nos ouvriers mineurs, ceux qui exercent leurs professions d'ouvriers d'arts au chef-lieu ou ailleurs, ou les vieillards qui y vivent modestement du produit des loyers d'une maison péniblement acquise, ceux-là, disons-nous, ne se trouveraient plus en présence du prix exorbitant de toutes choses et leur existence serait singulièrement adoucie. Ce serait le bien-être pour tous.

Si, au contraire, au fur et à mesure de leur arrivée dans la colonie, les bras sont exclusivement employés à l'industrie aurifère, l'agriculture ne pouvant se réveiller, les produits du sol, les denrées de toutes sortes deviennent de plus en plus rares, leurs prix augmentent dans des proportions effroyables en raison de l'accroissement de population, tout ce qui n'est pas commerçant ou avoué, qui *ne vit pas sur l'or,* est obligé de fuir. La mauvaise réputation faite à tort au pays s'en accroit davantage. L'étranger qui arrive avec des capitaux pour essayer d'entreprendre une industrie préconisée par ceux qui ont écrit sur la Guyane — la distillation des essences par exemple — est bientôt découragé, il ne trouve pas de travailleurs pour lui fournir, même à des prix élevés, les bois nécessaires à son entreprise, il est forcé de renoncer à une industrie qui aurait pu se développer et contribuer comme tant d'autres au bien-être général. Les difficultés de la vie matérielle l'obligent à fuir à son tour : de là des mécontents, des capitalistes qui certes ne seront plus disposés à tenter quoi que ce soit dans cette malheureuse Guyane. Ce que nous disons est de l'histoire et il est facile à chacun de s'en convaincre.

Ceux qui pensent qu'en fournissant des bras à l'industrie aurifère on fera affluer vers l'agriculture notre population ouvrière actuelle s'illusionnent complètement. Ils ne connaissent guère cette population ouvrière, ses goûts, ses aspirations. Nos ouvriers mineurs sont trop habitués aujourd'hui à la vie avantureuse des placers pour abandonner un métier qui a pour eux un attrait irrésistible. Mais nous dira-t-on leurs salaires baisseraient. C'est possible, et ils n'en seraient pas plus fiers lorsque arrivés en ville avec des économies moindres que précédemment ils seraient obligés de dépenser autant et même plus d'argent qu'auparavant pour subvenir à leurs besoins.

Et pendant que les placers produiront plus d'or, si l'on ne prend pas des mesures énergiques pour favoriser l'agriculture, la situation économique affreuse du pays sera-t-elle modifiée ? La période de 1873 à 1879, époque de faciles et brillantes découvertes de gisements d'or, n'a-t-elle pas eu des résultats magnifiques pour l'exploitation aurifère ? Elle a fait des millionnaires, elle a enrichi un grand nombre qui dépensent leur fortune en France ou ailleurs, tandis que quelques-uns seulement paient leur dette de reconnaissance envers la Guyane. Et malgré cette prospérité factice et les efforts incessants de ceux qui sont dévoués à leur pays ne sommes-nous pas moins placés aujourd'hui en présence d'une colonie agonissante ?

Nous pensons donc que pour aider au relèvement du pays il est nécessaire que les immigrants soient principalement affectés aux travaux agricoles. Nous n'entendons pas que l'industrie aurifère doive être privée des bras étrangers. Ce serait contraire à l'équité. et aux véritables intérêts de la Guyane. Mais nous désirerions que dans la répartition des travailleurs l'agriculture soit favorisee dans une large mesure pour lui permettre de lutter contre les salaires élevés que l'industrie aurifère seule peut offrir, et qu'une partie des sommes payées par l'industrie aurifère soient exclusivement affectées à la création de routes et canaux, à des subventions à accorder aux services de bateaux à vapeur, à des lignes télégraphiques, etc., car faciliter les moyens de communication c'est aider à la prospérité de l'industrie aurifère, mais plus encore et surtout au développement de l'agriculture.

Quoi qu'en pensent les fauteurs de *l'immigration libre à outrance,* expression creuse et vide de sens, nous considérons l'intervention de l'Administration comme indispensable pour assurer l'exécution des contrats. Nous savons par expérience qu'avec un contrat d'engagement, le plus solidement cimenté qu'on se l'imagine, on ne pourra jamais retenir aux travaux agricoles un homme, quel qu'il soit, à qui l'exploitation des mines offrira des salaires plus élevés, s'il n'y a pas une réglementation qui l'empêche d'être entrainé par ses convoitises.

Pour appuyer notre opinion sur les faveurs à accorder a l'industrie agricole, il n'est pas hors de propos de citer l'exemple de ce qui vient de se passer à Surinam.

L'Angleterre, en accordant récemment à la Hollande des immigrants indiens pour sa colonie notre voisine, a, dans sa sollicitude pour ses nationaux, fait la réserve expresse que jamais ils ne pourront être employés dans les mines d'or. Elle a placé à Surinam un représentant pour assurer l'exécution rigoureuse du contrat. L'arrivée de ces indiens et cette condition imposée à la colonie de Surinam ont eu pour elle des résultats inespérés. De grandes sociétés se sont formées en Hollande pour l'exploitation agricole dans la Guyane hollandaise qui périssait elle aussi comme la Guyane française, faute de bras. Avec ceux-ci, des capitaux sont venus qui ont fait surgir de grandes habitations et des usines à sucre importantes. Le commerce renait et la prospérité de cette colonie est désormais assurée.

Y a-t-il donc une fatalité qui soit attachée à notre colonie, comme le boulet à la jambe du condamné, et qui l'empêcherait de prospérer comme ses deux sœurs les guyanes anglaise et hollandaise si on voulait appliquer ici les moyens qui ont si bien réussi chez nos voisins !

III.

Les travailleurs d'origine africaine, indienne et chinoise sont, selon nous, les [plus propres à aider au relèvement de la Guyane. N'essayons pas de nous convaincre que l'Européen, l'homme des pays froids, peut impunément supporter l'action directe des rayons de soleil des pays intertropicaux. Avec de grands ménagements l'Européen rendra toujours ici d'utiles services— il sera employé avec succès dans les usines, par exemple, mais jamais, — nous le disons avec la plus profonde conviction, et les cruels enseignements du passé sont à l'appui de notre affirmation, — jamais l'Européen ne pourra être utilisé à la Guyane comme cultivateur à plus forte raison comme ouvrier mineur.

Il faut donc s'adresser au continent africain, aux Indes orientales ou à la Chine si l'on veut avoir des immigrants pour le but à atteindre.

Immigration africaine.

L'immigration africaine est incontestablement, entre toutes, celle qui conviendrait le mieux à note colonie qu'elle a déjà contribué à peupler.

L'Africain est bâti pour supporter les plus rudes fatigues, il résiste à l'extrême humidité comme à la chaleur solaire la plus intense. Docile, laborieux, économe, il adopte aisément le pays où il est bien. Malgré ces avantages, nous aurions tort d'attendre d'une immigration de cette race le relèvement de la Guyane, parce que nous ne devons pas nous faire d'illusion sur les conséqences du traité de 1860.

Le Royaume britannique suscitera tôt ou tard des entraves à un courant *important* d'immigration. Déjà ne voyons-nous pas l'Angleterre, mécontente de l'extension de notre puissance coloniale en Afrique, soutenir les prétentions du Portugal dans le Congo ? Il est facile de prévoir que le Gouvernement français se trouverait en présence de complications diplomatiques suscitées par des soupçons, mal fondés sans doute, de traité déguisée, et l'immigration africaine serait suspendue à nouveau jusqu'à ce que les difficultés soient résolues.

Il est donc prudent de ne compter que sur un faible contingent d'immigrants africains. Cette immigration, due à l'initiative d'un généreux colon, est déjà commencée nous assure-t-on, il n'y aurait qu'à la poursuivre dans les conditions analogues en profitant des leçons de l'expérience pour modifier le mode de recrutement.

Immigration indienne.

L'immigration indienne fournit aussi d'excellents travailleurs. A Demerary, les importantes habitations du West-Bank n'emploient que des Coolies indiens comme cultivateurs. Nous les avons vus à l'œuvre, actifs, vigoureux, bien portants et satisfaits de leur situation, et nous nous sommes assurés qu'ils n'étaient pas mieux traités qu'ici tant sous le rapport des soins que des salaires qu'on leur donne.

Mais cette immigration nous a été retirée depuis quelques années par l'Angleterre qui a eu à se plaindre des traitements que quelques mauvais engagistes ont fait subir à ses sujets. Les placers étant d'un accès très-difficile et le personnel inspecteur insuffisant, l'administration ne pouvait exercer efficacement son contrôle sur ces établissements mal approvisionnés quelques fois, parce qu'ils venaient d'ère créés et où les indiens ont eu à souffrir. Quelles que soient les fâcheuses dispositions de la Grande-Bretagne, il est permis d'espérer que le Gouvernement français obtiendrait aujourd'hui la reprise de l'immigration indienne, en déclarant à l'Angleterre que ses sujets ne seraient employés qu'à l'agriculture ou à quelques industries locales autres que l'industrie aurifère, et que des inspecteurs auraient mission d'assurer rigoureusement l'exécution des contrats.

Souhaitons que des négociations soient entamées le plus promptement possible par le Ministère des colonies et poussées avec activité pour que cette immigration nous soit accordée sous ces conditions ; et comme autrefois, le Gouvernement français de l'Inde servirait d'intermédiaire pour opérer le recrutement des immigrants.

Immigration chinoise.

L'immigration chinoise a été l'objet d'une étude particulière d'un de nos amis dont nous partageons les idees sur ce sujet, et qui a fait un travail duquel nous extrayons les lignes qui suivent :

« Il faudrait faire un large appel à l'immigration chinoise.

« Le Chinois, en effet, au contraire de l'Annamite auquel on avait songé un instant mais qui reste invinciblement attaché à son sol natal, représente le type parfait de l'immigrant. Apte à tous les genres de métier, sobre, adoptant sa nouvelle résidence sans esprit de retour, il est unanimement considéré comme le plus propre à développer les richesses de tout pays.

« Certains esprits objectent que la nature envahissante de cette race constitue un danger qu'il serait imprudent de ne pas envisager. On conçoit ces appréhensions dans de grands centres comme New-York ou San-Francisco. Mais il ne semble pas qu'elles puissent trouver place quand il s'agit de la Guyane, pays extraordinairement étendu et qui n'aura jamais, ou du moins à une époque bien lointaine encore, à redouter l'excès d'une population étrangère.

« On s'arrête aussi à un argument qui paraît tout à fait singulier.

« Le Chinois, dit-on — et c'est très-vrai — n'est pas enclin au travail perpétuellement salarié. Contraint à s'engager au service d'un maître, son rêve est de se constituer des épargnes au prix des plus grands sacrifices qu'il sait s'imposer jusqu'à la parcimonie afin de s'établir, un jour, pour son propre compte, en ouvrant un magasin ou en s'adonnant à l'industrie qu'il préfère.

« Mais, de deux choses l'une, ou cette immigration s'arrêtera au début parce que le pays ne conviendra pas au Chinois, ou il prendra un véritable essor.

« Dans l'un et l'autre cas, le Chinois ayant satisfait aux exigences de son contrat, rien en effet ne saurait l'entraver dans ses aspirations natives. Et ne voit-on pas que les mille industries qu'il créera ou qu'il développera dans ce malheureux pays deviendront un bienfait pour le commerce en général, qui augmentera en proportion de l'accroissement réel de population et contribueront, par la concurrence qu'elles engendreront nécessairement, à l'abaissement du prix de toutes choses, c'est-à-dire *au bien-être général*.

« Cette théorie économique est trop universellement

vraie, surtout à l'égard des pays de nouvelle forma-
tion, ou de ceux qui, comme celui-ci, se débattent
afin de conjurer le terme de leur existence, pour que
l'argument dont il s'agit puisse raisonnablement être
soutenu.

« On sait que le recrutement des travailleurs chinois
à destination des possessions coloniales, de presque
tous les pays se fait le plus généralement par l'intermédiaire d'agences permanentes établies dans différentes localités du Céleste-Empire. Les opérations
sont conduites par un commissaire spécial représentant le gouvernement pour le compte duquel les immigrants sont expédiés. »

En attendant que la colonie puisse disposer des
fonds considérables dont elle a besoin pour l'immigration, elle pourrait témoigner de ses efforts pour
aider à son propre relèvement en prélevant sur la
caisse spéciale de l'immigration les sommes nécessaires pour envoyer dès maintenant un agent sérieux
à San Francisco ou dans les ports de la Chine, chargé
d'étudier, dans ses détails, le mode de recrutement
des Chinois le plus rapide et le plus profitable à la
Guyane et de s'entendre avec une ou plusieurs mai-
sons ou agences d'immigrations.

Cet agent qui aura été choisi par le pays, dont le
dévouement à notre cause serait assuré, devra être
plus tard investi par le Gouvernement français du
caractère officiel nécessaire pour diriger cette immigration.

Voici donc trois immigrations dont la première est
possible, l'immigration africaine, mais dans des conditions très-restreintes. — Tout en adressant nos
éloges à ceux de nos honorables concitoyens qui font
des efforts pour l'introduction de bras africains dans
ce pays, nous ne pensons pas que la Guyane doive
compter sur elle pour le prompt relèvement que nous
souhaitons tous.

La seconde, l'immigration indienne, est douteuse. Les sentiments de la Grande-Bretagne à l'égard de la France, en tant que puissance maritime et coloniale, sont en opposition directe avec toute idée de faveur ou d'appui à accorder à ses colonies.

La troisième, l'immigration chinoise, est la seule vraiment réalisable, et dans les proportions que nous désirons. C'est donc vers celle-ci que nous devons tourner nos regards et appeler plus particulièrement l'attention du Gouvernement métropolitain.

IV.

Nous avons dit que pour assurer la prospérité de la Guyane il convenait de procurer à l'agriculture les bras qui lui font complètement défaut, augmenter les ateliers des placers, amener des travailleurs en très-grand nombre, si nous ne voulons pas végéter pendant plusieurs années encore, en un mot entreprendre l'immigration sur une vaste échelle.

Ne pensons pas pouvoir y suffire avec nos propres moyens. Les réserves de la colonie y passeraient bien vite sans apporter de modification sensible à l'état de choses existant. D'ailleurs, il y aurait un véritable danger à démunir complètement la caisse de réserve de la colonie au moment même où celle-ci éprouve des difficultés inouïes pour constituer son budget.

Malgré l'état déplorable de nos quais, malgré les travaux d'utilité publique dont la nécessité se fait sentir de plus en plus urgente, n'avons-nous pas vu l'administration intérieure être dans la nécessité de réduire les fonds destinés au service des ponts et chaussées à une portion plus que modeste, à peine suffisante pour les travaux d'entretien ? Que les productions des placers qui alimentent le budget de plus du quart des recettes totales continuent à décroître pen-

dant un an seulement dans les mêmes proportions
inquiétantes, dans quel embarras ne se trouverait-on pas
pour payer les dépenses indispensables de la colonie?

D'un autre côté, il faut bien se le rappeler, le recrutement des immigrants ne se fait pas sans des frais
énormes et s'il faut que les engagistes remboursent
l'intégralité de ces frais, ou seulement la moitié, il
est facile de prévoir que les grandes sociétés aurifères
seules pourront consentir à faire des sacrifices pour
obtenir ces immigrants.

C'est-à-dire que nous nous éloignons du but que
nous nous proposons : le développement de l'agriculture par l'immigration.

Ce qu'il faut à la colonie, ce ne sont pas quelques
centaines de mille francs, mais des millions, et la Métropole seule peut nous les donner.

La France ne refusera pas les subsides que la colonie lui demandera quand elle connaîtra le péril immi-
nent dont notre pays est menacé.

Elle qui a accordé des millions à la Martinique, à
la Guadeloupe et à la Réunion, pour des travaux d'utilité publique, elle qui a ouvert de grands crédits pour
la création de nouveaux établissements en Afrique, elle
ne peut pas nous refuser un million par an pour
fournir des bras à la Guyane. C'est une question de
vie ou de mort pour une de ses colonies ; et la France
républicaine qui, loin de faire abnégation de sa puissance coloniale, met toute son activité à ouvrir de
nouveaux débouchés à son commerce et à son industrie, ne votera pas l'anéantissement de la Guyane
française.

Adressons-nous donc avec confiance au Gouvernement. Demandons-lui une subvention annuelle de un
million de francs, qui serait affectée à l'introduction
d'immigrants dans la colonie. Pour être certain de l'obtenir ne laissons pas le Gouvernement dans le vague,

dans l'incertitude sur nos projets. Précisons au contraire ce que nous voulons et faisons lui connaître à grands traits notre plan de colonisation.

Les immigrants seraient recrutés soit en Afrique, soit dans l'Inde, soit en Chine.

Mais qu'il s'agisse de n'importe quelle immigration il est indispensable que le Gouvernement français intervienne pour que les nations étrangères soient convaincues que leurs émigrants nationaux seront placés sous sa tutelle, soumis à une réglementation protectrice.

Dès lors apparaissent trois choses d'une nécessité impérieuse : 1° la création d'un syndicat dont la composition rassure tous les intérêts, ayant ses membres choisis parmi les agriculteurs, industriels, commerçants, ouvriers, etc. et présidé par un délégué de l'Administration ; 2° l'organisation d'un vrai personnel d'inspecteurs ; 3° l'approbation définitive des contrats par l'Administration.

Pour ne pas réveiller ces idées ridicules d'esclavage déguisé que l'on s'est donné si souvent le plaisir de mettre en avant pour combattre l'immigration, il ne sera pas exigé de contrat au départ, mais pour la sécurité des immigrants on leur assurera un *minimum* de salaires dans chacune des différentes industries auxquelles ils pourraient être employés. La fixation de ce minimum de salaires appartiendra au syndicat qui le fera connaître aux agents recruteurs par l'intermédiaire du Gouvernement. Une quote part de la subvention qui resterait à déterminer par le Département constituerait la garantie du paiement de ces salaires pour tout immigrant qui, par impossible, ne trouverait pas à l'arrivée un engagiste. Nous disons par impossible parce que dans notre opinion le Département ne pourrait demander des convois échelonnés dans le cours d'une année que tout autant qu'il serait exactement renseigné sur les besoins effectifs de la co-

lonie signalés par elle et par l'intermédiaire du syndicat
dont nous venons de parler.

A leur arrivée à Cayenne, les immigrants seraient
mis en présence de propriétaires, d'habitants, d'industriels, de commerçants, etc., offrant des garanties de
solvabilité et de moralité, avec lesquels *ils traiteraient
de gré à gré, librement,* des engagements de travail
pardevant le syndicat. Les engagistes devraient opérer un
certain versement au trésor local par immigrant engagé.
Ces recettes seraient faites et reparties de la façon
suivante :

Tout engagiste d'immigrant pour l'industrie aurifère
devrait payer les 3/4 des frais d'introduction de son
engagé ;

Tout engagiste d'immigrant pour l'agriculture devrait
payer 1/4 seulement des frais d'introduction de son
engagé.

Les fonds seraient versés, partie à la caisse de l'immigration et partie à la caisse spéciale des travaux à
entreprendre pour l'amélioration et la création de voies
de communication.

Les engagements seraient faits à l'arrivée pour *quatre
années,* car l'on conçoit facilement qu'il faut à l'agriculture surtout une garantie de durée. Il n'y a pas un
propriétaire d'habitation qui consentirait à former à
grands frais un bon atelier de travailleurs — car il
faut songer à la période d'acclimatation, aux maladies,
aux non-valeurs, etc. — à planter, à cultiver, pour
qu'à la veille de la récolte ses travailleurs soient au-
torisés à l'abandonner parce qu'ils trouveraient un
salaire plus élevé à gagner ailleurs. Ce n'est pas
possible, ce serait la ruine du propriétaire.

Mais, d'autre part, il y aurait un véritable danger
pour l'immigrant à le mettre aux prises avec la spécu-
lation en le maintenant quand même au service d'un
industriel peu scrupuleux qui l'aurait attiré à son ser-

vice par l'appât d'un salaire très-élevé mais qui ne lui serait pas regulièrement payé. Pour prévenir les abus de ce genre, les inspecteurs entendraient les griefs des travailleurs et en informeraient immédiatement le syndicat. Celui-ci aurait le droit et le devoir de formuler des plaintes aux tribunaux contre les faits graves qui seraient portés à sa connaissance, et le contrat serait résilié s'il y a lieu sans préjudice, outre les pénalités encourrues, du paiement intégral des salaires convenus. S'il ne trouvait pas d'ouvrage, son rapatriement serait à la charge du budget de l'immigration.

En cas de détresse ou de ruine constatée, ce budget aurait à supporter le paiement du *minimum des salaires* dont il vient d'être question, à l'engagé, victime involontaire de cette situation, ainsi que le rapatriement si celui-ci le demande. En résumé, garanties pour l'une et l'autre partie ; les contrats de ce genre ne pouvant être rescindé par l'engagiste ou par l'engagé sans de sérieux motifs dont les *tribunaux seuls seraient juges*.

Avec une immigration bien comprise et sagement dirigée des capitaux étrangers afflueraient dans la colonie. Des associations françaises se formeraient immédiatement pour l'exploitation de notre riche et fertile contrée, nous en avons la ferme assurance, et l'on peut prévoir qu'au bout de dix années environ, la colonie se suffirait à elle-même et ferait ses affaires avec ses propres ressources.

L'importance du budget permettrait d'y prélever les sommes nécessaires pour entretenir l'immigration, tandis que d'autre part, les colons trouveraient dans la caisse de notre établissement de crédit dont la prospérité se serait accrue des prêts sur récolte pour assurer le développement de leur industrie.

Cet exposé est un peu long sans doute contre notre gré, néanmoins qu'il nous soit permis de le terminer par une réflexion.

En examinant les mesures de garanties qui nous paraissent nécessaires pour que les gouvernements étrangers consentent à nous donner des bras, nous avons parlé d'un syndicat.

Il est certain qu'au début cette assemblée n'aura que les attributions déjà indiquées, mais nous faisons des vœux pour que dans un avenir prochain, ce syndicat réunisse en même temps les attributions des *juridictions de prud'hommes* si connues et si appréciées en France par les résultats qu'elles obtiennent en jugeant avec rapidité et sans frais les contestations entre patrons et ouvriers, jusqu'à concurrence d'un certain chiffre de capital.

Alors, les immigrants qui au terme de leur engagement se seraient recommandés d'eux-mêmes par leur conduite et leur assiduité au travail pourraient également faire partie de ce tribunal.

En les associant ainsi à la vie publique, nous les élèverions à leurs propres yeux et de la meilleure façon puisqu'ils participeraient au jugement des contestations de leurs pairs avec les engagistes.

Nous demandons sans cesse et avec juste raison notre assimilation à la Métropole; et il nous paraît qu'en cette matière spéciale, nous devons grouper tous nos efforts communs pour que cette nouvelle organisation, dont nous venons de parler, fonctionne comme en France quand le moment sera venu.

Cayenne, le 5 mai 1883.

AD. **BALLY** FILS.

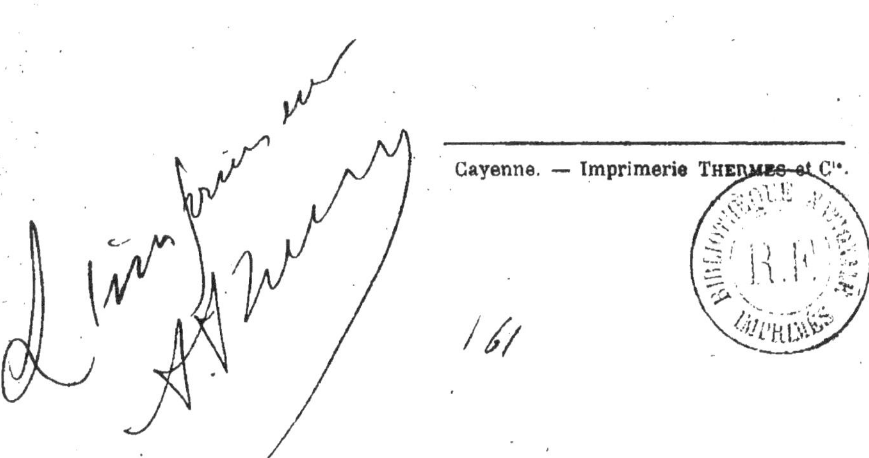

Cayenne. — Imprimerie THERMES et Cⁱᵉ.